COMMENTAIRE

ET

INSTRUCTIONS PRATIQUES

A L'USAGE DU PUBLIC

SUR LA LOI DU 23 AOUT 1871

CONCERNANT

LE TIMBRE ET L'ENREGISTREMENT

exécutoire en Algérie à partir du 1er janvier 1872

PAR M. PRESSEQ

LICENCIÉ EN DROIT

RECEVEUR DE L'ENREGISTREMENT, DES DOMAINES ET DU TIMBRE

A ORAN

ORAN

TYPOGRAPHIE ET LITHOGRAPHIE AD. PERRIER, ÉDITEUR

13, BOULEVARD OUDINOT, 13

1872

LOI DU 23 AOUT 1871

COMMENTAIRE

ET

INSTRUCTIONS PRATIQUES

A L'USAGE DU PUBLIC

COMMENTAIRE

ET

INSTRUCTIONS PRATIQUES

A L'USAGE DU PUBLIC

SUR LA LOI DU 23 AOUT 1871

CONCERNANT

LE TIMBRE ET L'ENREGISTREMENT

exécutoire en Algérie à partir du 1er janvier 1872

PAR M. PRESSEQ

LICENCIÉ EN DROIT

VÉRIFICATEUR DE L'ENREGISTREMENT, DES DOMAINES ET DU TIMBRE

A ORAN

ORAN

TYPOGRAPHIE ET LITHOGRAPHIE AD. PERRIER, ÉDITEUR

13, BOULEVARD OUDINOT, 13

1872

NOTE DE L'AUTEUR

Les nombreuses demandes de renseignements auxquelles donne lieu la mise à exécution de la loi du 23 août 1871, sur le timbre et l'enregistrement, nous ont seules décidé à livrer à l'impression le présent opuscule.

En dehors des textes, cet opuscule n'est, nous nous hâtons de le dire, que le résultat de nos études, de nos appréciations personnelles, et n'a, conséquemment, aucune attache officielle.

Nous n'avons pas eu l'intention de faire un traité complet sur toutes les matières se rattachant à la nouvelle loi, ce qui aurait excédé les limites de nos forces et de notre temps.

Nous avons voulu, simplement, réunir en un seul faisceau tant la loi que les règlements d'administration publique qui s'y rapportent; présenter, ensuite, sous une forme plus saisissante que le texte et, parfois, au moyen d'exemples, les quelques observations pratiques qui nous ont été suggérées par notre propre expérience ou les instructions de l'Administration métropolitaine; faciliter, autant que possible, aux contribuables, l'exécution des obligations nouvelles qui leur incombent; faire ressortir les pénalités auxquelles ils s'exposeraient en cas de contravention; en un mot, procurer à chacun une sorte de *vade mecum* lui permettant de connaître exactement ses droits et ses devoirs à l'égard des nouveaux impôts.

Par suite, nous avons laissé de côté les questions purement théoriques et celles d'ordre intérieur, étrangères au public, et n'intéressant que les comptables du Trésor; c'est ce qui, du reste, ressort de notre titre même.

Nous considèrerons comme atteint notre but, même ainsi restreint, si notre publication peut être de quelque utilité pratique et faciliter la rentrée des sommes dues au Trésor, tout en évitant aux contribuables des hésitations, souvent excusables, et les suppléments d'impôts qui pourraient en être la conséquence.

Oran, le 15 janvier 1872.

PREMIÈRE PARTIE

LOI DU 23 AOUT 1871

ARTICLE PREMIER. — Les dispositions de l'article 14 de la loi du 2 juillet 1862, relatives à la perception d'un second décime sur les droits et produits dont le recouvrement est confié à l'Administration de l'enregistrement, sont remises en vigueur.

ART. 2. — Il est ajouté deux centimes au principal des droits de timbre de toute nature.

Ne sont pas soumis à ces deux décimes :

1° Les effets de commerce spécifiés en l'article 1er de la loi du 5 juin 1850, dont le tarif fixé par le dit article et par l'article 2 de la même loi, est porté au double, ainsi que les effets tirés de l'étranger sur l'étranger, négociés, endossés, acceptés ou acquittés en France, qui sont soumis aux mêmes droits ;

2° Les récépissés des chemins de fer, les quittances de produits et revenus délivrés par les comptables de deniers publics, conformément à l'article 4 de la loi du 8 juillet 1865 ; les reconnaissances de valeurs cotées, ainsi que les quittances de sommes envoyées par la poste, lesquelles seront à l'avenir assujetties à un droit de timbre de 25 centimes ;

3° Les permis de chasse dont le droit, perçu au profit du Trésor, est élevé de 15 francs à 30 francs.

ART. 3. — Les dispositions de l'article 7 de la loi du 18 mai 1850, concernant les valeurs mobilières étrangères dépendant des successions régies par la loi française et les transmissions entre vifs à titre gratuit de ces mêmes valeurs au profit d'un Français, sont étendues aux créances, parts d'intérêts, obligations des villes, établissements publics et généralement à toutes les valeurs mobilières étrangères de quelque nature qu'elles soient.

Art. 4. — Sont assujettis aux droits de mutation par décès, les fonds publics, actions, obligations, parts d'intérêts, créances et généralement toutes les valeurs mobilières étrangères de quelque nature qu'elles soient, dépendant de la succession d'un étranger domicilié en France avec ou sans autorisation.

Il en sera de même des transmissions entre vifs à titre gratuit ou à titre onéreux, de ces mêmes valeurs, lorsqu'elles s'opèreront en France.

Art. 5. — Les actes d'ouverture de crédit sont soumis à un droit proportionnel d'enregistrement de 50 centimes par 100 francs.

La réalisation ultérieure du crédit sera assujettie aux droits fixés par les lois en vigueur; mais il sera tenu compte, dans la liquidation, du montant du droit payé en exécution du paragraphe 1er du présent article.

Le droit d'hypothèque, fixé à un pour mille par l'article 60 de la loi du 28 avril 1816, sera perçu lors de l'inscription des hypothèques garantissant les ouvertures du crédit.

Art. 6. — Tout contrat d'assurance maritime ou contre l'incendie, ainsi que toute convention postérieure contenant prolongation de l'assurance, augmentation dans la prime ou le capital assuré, désignation d'une somme en risque ou d'une prime à payer, est soumis à une taxe obligatoire, moyennant le paiement de laquelle la formalité de l'enregistrement sera donnée *gratis* toutes les fois qu'elle sera requise.

La taxe est fixée ainsi qu'il suit; savoir :

1° Pour les assurances maritimes et par chaque contrat, à raison de 50 centimes par 100 francs, *décimes compris,* du montant des primes et accessoires de la prime.

La perception suivra les sommes de 20 francs en 20 francs sans fraction, et la moindre taxe perçue pour chaque contrat sera de 25 centimes, décimes compris ;

2° Pour les assurances contre l'incendie et annuellement, à raison de 8 0/0 du montant des primes, ou, en cas d'assurance mutuelle, de 8 0/0 des cotisations ou des contributions.

La taxe sera perçue d'après les mêmes bases sur les contrats en cours, mais seulement pour le temps restant à courir et sauf recours par les assureurs contre les assurés.

Les contrats de réassurance ne sont pas assujettis à la taxe, à moins que l'assurance primitive, souscrite à l'étranger, n'ait pas été soumise au droit.

Art. 7. — La taxe fixée par l'article précédent sera perçue pour le compte du Trésor par les compagnies, sociétés et tous autres assureurs, courtiers ou notaires, qui auraient rédigé les contrats.

Les répertoires et livres dont la tenue est prescrite par les articles 35, 44, 45 et 47 de la loi du 5 juin 1850, feront mention expresse, pour chaque contrat, du montant des primes ou cotisations exigibles, ainsi que de la taxe payée par les assurés, en exécution de l'article 6 de la présente loi.

Chaque contravention à cette disposition sera passible d'une amende de 10 francs.

Ces dispositions, celles de l'article 6 et celles des lois des 5 juin 1850 et 2 juillet 1862 sont applicables aux sociétés et assureurs étrangers qui auraient un établissement ou une succursale en France.

Art. 8. — Les contrats d'assurances passés à l'étranger pour des immeubles situés en France ou pour des objets ou valeurs appartenant à des Français, doivent être enregistrés avant toute publicité ou usage en France, à peine d'un droit en sus qui ne peut être inférieur à 50 francs.

Le droit est fixé ainsi qu'il suit :

Pour les assurances contre l'incendie, à raison de 8 francs par 100 francs du montant des primes, multiplié par le nombre d'années pour lequel l'assurance a été contractée ;

Pour les assurances maritimes, au taux fixé par l'article 6 ci-dessus.

Art. 9. — Les contrats d'assurance contre l'incendie passés en France pour des immeubles ou objets mobiliers situés à l'étranger, ne sont pas assujettis au paiement de la taxe ; mais il ne pourra en être fait aucun usage en France, soit par acte public, soit en justice, ou devant tout autre autorité constituée, sans qu'ils aient été préalablement enregistrés. Le droit sera perçu au taux fixé par l'article précédent, mais seulement pour les années restant à courir.

ART. 10. -- Un règlement d'administration publique déterminera le mode de perception et les époques du paiement de la taxe établie par l'article 6 ci-dessus, ainsi que toutes les mesures nécessaires pour assurer l'exécution des articles 6 et 7 de la présente loi. Chaque contravention aux dispositions de ce règlement sera passible d'une amende de 50 francs.

ART. 11. — Lorsqu'il n'existe pas de conventions écrites constatant une mutation de jouissance des biens immeubles, il y est suppléé par des déclarations détaillées et estimatives, dans les trois mois de l'entrée en jouissance.

Si la location est faite suivant l'usage des lieux, la déclaration en contiendra la mention.

Les droits d'enregistrement deviendront exigibles dans les vingt jours qui suivront l'échéance de chaque terme, et la perception en sera continuée jusqu'à ce qu'il ait été déclaré que le bail a cessé ou qu'il a été résilié.

En cas de déclaration insuffisante, il sera fait application des dispositions des articles 19 et 39 de la loi du 22 frimaire an VII.

La déclaration doit être faite par le preneur, ou, à son défaut, par le bailleur, ainsi qu'il est dit à l'article 14 ci-après.

Ne sont pas assujetties à la déclaration les locations verbales ne dépassant pas trois ans et dont le prix annuel n'excède pas 100 francs. Toutefois, si le même bailleur a consenti plusieurs locations verbales de cette catégorie, mais dont le prix cumulé excède 100 francs annuellement, il sera tenu d'en faire la déclaration et d'acquitter personnellement et sans recours les droits d'enregistrement.

Si le prix de la location verbale est supérieur à 100 francs, sans excéder 300 francs annuellement, le bailleur sera également tenu d'en faire la déclaration et d'acquitter les droits exigibles, sauf son recours contre le preneur, qui sera dispensé, dans ce cas, de la formalité de la déclaration.

Le droit sera exigible lors de l'enregistrement ou de la déclaration. Toutefois, si le bail est de plus de trois ans et si les parties le requièrent, le montant du droit pourra être fractionné en autant de paiements égaux qu'il y aura de périodes triennales dans la durée du bail. Le paiement des droits afférents à la première période sera seul acquitté lors de l'enregistrement ou de la déclaration, et celui des périodes subséquentes aura lieu dans le premier mois de l'année qui commencera chaque période.

La dernière disposition du n° 2 du paragraphe 3 de l'article 69 de la loi du 22 frimaire an VII, relative aux baux de trois, six ou neuf années, est abrogée.

Les dispositions du présent article ne seront exécutoires qu'à partir du 1er octobre prochain.

Art. 12. — Toute dissimulation dans le prix d'une vente et dans la soulte d'un échange ou d'un partage, sera punie d'une amende égale au quart de la somme dissimulée et payée solidairement par les parties, sauf à la répartir entre elles par égale part.

Art. 13. — La dissimulation peut être établie par tous les genres de preuves admises par le droit commun. Toutefois, l'administration ne peut déférer le serment décisoire, et elle ne peut user de la preuve testimoniale que pendant dix ans à partir de l'enregistrement de l'acte.

L'exploit d'ajournement est donné, soit devant le juge du domicile de l'un des défendeurs, soit devant celui de la situation des biens, au choix de l'administration. La cause est portée, suivant l'importance de la réclamation, devant la justice de paix ou devant le tribunal civil. Elle est instruite et jugée comme en matière sommaire ; elle est sujette à appel, s'il y a lieu. Le ministère des avoués n'est pas obligatoire ; mais les parties qui n'auraient pas constitué avoué ou qui ne seraient pas domiciliées dans le lieu où siège la justice de paix ou le tribunal, seront tenues d'y faire élection de domicile, à défaut de quoi toutes significations seront valablement faites au greffe.

Le notaire qui reçoit un acte de vente, d'échange ou de partage, est tenu de donner lecture aux parties des dispositions du présent article et de celle de l'article 12 ci-dessus. Mention expresse de cette lecture sera faite dans l'acte, à peine d'une amende de 10 francs.

Art. 14. — A défaut d'enregistrement ou de déclaration dans les délais fixés par les lois des 22 frimaire an VII, 27 ventôse an IX et par l'article 11 de la présente loi, l'ancien et le nouveau possesseur, le bailleur et le preneur, sont tenus personnellement et sans recours, nonobstant toute stipulation contraire, d'un droit en sus, lequel ne peut être inférieur à 50 francs.

L'ancien possesseur et le bailleur peuvent s'affranchir du droit en sus qui leur est personnellement imposé, ainsi que du versement immédiat des droits simples, en déposant dans un bureau d'enregistrement l'acte constatant la mutation, ou, à défaut d'acte, en faisant les déclarations prescrites par l'article 4 de la loi du 27 ventôse an IX et par l'article 11 de la présente loi.

Outre les délais fixés pour l'enregistrement des actes ou déclarations, un délai d'un mois est accordé à l'ancien possesseur et au bailleur pour faire le dépôt ou les déclarations autorisés par le paragraphe qui précède.

Les dispositions du présent article ne sont pas applicables au preneur dans les cas prévus par les paragraphes 5 et 6 de l'article 11 ci-dessus.

Art. 15. — Lorsque, dans les cas prévus par la loi du 22 frimaire an VII et par l'article 11 de la présente loi, il y a lieu à expertise et que le prix exprimé ou la valeur déclarée n'excède pas 2,000 francs, cette expertise est faite par un seul expert nommé par toutes les parties, ou, en cas de désaccord, par le président du tribunal et sur simple requête.

Art. 16. — Les tribunaux devant lesquels sont produits des actes non enregistrés doivent, soit sur les réquisitions du ministère public, soit même d'office, ordonner le dépôt au greffe de ces actes, pour être immédiatement soumis à la formalité de l'enregistrement.

Il est donné acte au ministère public de ses réquisitions.

Art. 17. — Il est accordé un délai de trois mois à compter de la promulgation de la présente loi pour faire enregistrer, sans droits en sus ni amendes, tous les actes sous signatures privées qui, en contravention aux lois sur l'enregistrement, n'auraient pas été soumis à cette formalité.

Le droit ne sera perçu, pour les baux ainsi présentés à l'enregistrement, que pour le temps restant à courir au jour de la promulgation de la présente loi.

Le même délai de faveur est accordé pour faire la déclaration des biens transmis, soit par décès, soit entre vifs, lorsqu'il n'existera pas de conventions écrites.

Les nouveaux possesseurs qui auraient fait des omissions ou des estimations insuffisantes dans leurs actes ou déclarations, sont admis à les réparer sans être soumis à aucune peine, pourvu qu'ils acquittent les droits simples et les frais dans le délai de trois mois.

Les dispositions du paragraphe 1er du présent article sont également applicables aux contraventions aux lois sur le timbre de dimension, encourues à raison des actes sous signatures privées qui n'auraient pas été régulièrement timbrés.

Le bénéfice résultant du présent article ne peut être réclamé que pour les contraventions existant au jour de la promulgation de la présente loi.

Art. 18. — A partir du 1er décembre 1871, sont soumis à un droit de timbre de 10 centimes :

1° Les quittances ou acquits donnés au pied des factures et mémoires, les quittances pures et simples, reçus ou décharges de sommes, titres, valeurs ou objets et généralement tous les titres de quelque nature qu'ils soient, signés ou non signés, qui emporteraient libération, reçu ou décharge ;

2° Les chèques, tels qu'ils sont définis par la loi du 14 juin 1865, dont l'article 7 est et demeure abrogé.

Le droit est dû pour chaque acte, reçu, décharge ou quittance ; il peut être acquitté par l'apposition d'un timbre mobile, à l'exception toutefois du droit sur les chèques, lesquels ne peuvent être remis à celui qui doit en faire usage sans qu'ils aient été préalablement revêtus de l'empreinte du timbre à l'extraordinaire.

Le droit de timbre de 10 centimes n'est applicable qu'aux actes faits sous signatures privées et ne contenant pas de dispositions autres que celles spécifiées au présent article.

Art. 19. — Une remise de 2 0/0 sur le timbre est accordée, à titre de déchet, à ceux qui feront timbrer préalablement leurs formules de quittances, reçus ou décharges.

Art. 20. — Sont seuls exceptés du droit de timbre de 10 centimes :

1° Les acquits inscrits sur les chèques, ainsi que sur les lettres de change, billets à ordre et autres effets de commerce assujettis au droit proportionnel;

2° Les quittances de 10 francs et au-dessous, quand il ne s'agit pas d'un à-compte ou d'une quittance finale sur une plus forte somme ;

3° Les quittances énumérées en l'article 16 de la loi du 13 brumaire an VII, à l'exception de celles relatives aux traitements et émoluments des fonctionnaires, officiers des armées de terre et de mer, et employés salariés par l'Etat, les départements, les communes et tous les établissements publics ;

4° Les quittances délivrées par les comptables de deniers publics, celles des douanes, des contributions indirectes et des postes, qui restent soumises à la législation qui leur est spéciale.

Toutes autres dispositions contraires sont abrogées.

Art. 21. — Les avertissements donnés aux termes de la loi du 2 mai 1855, avant toute citation, devront être rédigés par le greffier du juge de paix, sur papier au timbre de dimension de 60 centimes.

Art. 22. — Les sociétés, compagnies, assureurs, entrepreneurs de transports et tous autres, assujettis aux vérifications des agents de l'enregistrement par les lois en vigueur, sont tenus de représenter aux dits agents leurs livres, registres, titres, pièces de recette, de dépense et de comptabilité, afin qu'ils s'assurent de l'exécution des lois sur le timbre.

Tout refus de communication sera constaté par procès-verbal, et puni d'une amende de 100 à 1,000 fr.

Art. 23. — Toute contravention aux dispositions de l'article 18 sera punie d'une amende de 50 francs. L'amende sera due par chaque acte, écrit, quittance, reçu ou décharge, pour lequel le droit de timbre n'aurait pas été acquitté.

Le droit de timbre est à la charge du débiteur; néanmoins le créancier qui a donné quittance, reçu ou décharge, en contravention aux dispositions de l'article 18, est tenu personnellement et sans recours, nonobstant toute stipulation contraire, du montant des droits, frais et amendes.

La contravention sera suffisamment établie par la représentation des pièces non timbrées et annexées aux procès-verbaux que les employés de l'enregistrement, les officiers de police judiciaire, les agents de la force publique, les préposés des douanes, des contributions indirectes et ceux des octrois, sont autorisés à dresser, conformément aux articles 31 et 32 de la loi du 13 brumaire an VII. Il leur est attribué un quart des amendes recouvrées.

Les instances seront instruites et jugées selon les formes prescrites par l'article 76 de la loi du 28 avril 1816.

Art. 24. — Un règlement d'administration publique déterminera la forme et les conditions d'emploi des timbres mobiles créés en exécution de la présente loi. Toute infraction aux dispositions de ce règlement sera punie d'une amende de 20 francs.

Sont applicables à ces timbres les dispositions de l'article 21 de la loi du 11 juin 1859.

Sont considérés comme non timbrés :

1° Les actes, pièces ou écrits sur lesquels le timbre mobile aurait été apposé sans l'accomplissement des conditions prescrites par le règlement d'administration publique, ou

sur lesquels aurait été apposé un timbre ayant déjà servi ;
2° Les actes, pièces ou écrits sur lesquels un timbre mobile aurait été apposé en dehors des cas prévus par l'art. 18.

Délibéré en séance publique, à Versailles, le 23 août 1871.

Le président,
Signé : JULES GRÉVY.

Les secrétaires,
Signé : Vte DE MEAUX, P. BETHMONT,
P. DE RÉMUSAT, N. JOHNSTON.

ARRÊTÉ DU 25 AOUT 1871
relatif aux nouveaux timbres

LE PRÉSIDENT DU CONSEIL, CHEF DU POUVOIR EXÉCUTIF DE LA RÉPUBLIQUE FRANÇAISE,

Vu l'art. 2 de la loi du 23 août 1871, relatif à l'augmentation des droits de timbre,

ARRÊTE :

ARTICLE PREMIER. — A partir de la promulgation de la loi du 23 août 1871, les papiers timbrés actuellement en usage seront revêtus d'un contre-timbre indiquant l'augmentation des droits.

Le contre-timbre portera : *Deux décimes en sus,* pour les papiers soumis à ces deux décimes ;

Un droit en sus pour les effets de commerce dont la quotité a été élevée au double ;

Cinq centimes en sus pour les récépissés de chemins de fer et les quittances des comptables publics, dont le droit est élevé de 20 à 25 centimes.

Ces contre-timbres, conformes au modèle ci-joint, seront appliqués au milieu de la partie supérieure de chaque feuille.

Ils seront apposés, outre les timbres actuellement en usage, sur les papiers présentés au timbre extraordinaire.

ART. 2. — Dans le cas où les contre-timbres ne pourraient pas être mis en activité au jour de la promulgation de la loi, il y sera suppléé, soit par l'application d'un ou de plusieurs des timbres actuellement en usage, et dont la quotité représenterait le supplément de droit, soit par un visa daté et signé par le receveur ou ses suppléants.

ART. 3. — Dans les trois mois à partir de la promulgation de la loi, les officiers publics et les particuliers seront admis à échanger les papiers filigranés et timbrés, restés sans emploi entre leurs mains, contre des papiers de même nature portant les timbres ou contre-timbres établis par le présent arrêté.

Cet échange s'opérera de manière que le Trésor n'ait à faire aucun remboursement ; et, dans le cas où le montant des droits afférents aux papiers rapportés serait inférieur à celui des papiers donnés en échange, les détenteurs seront tenus de payer l'excédant ou l'appoint.

ART. 4. — Les détenteurs de papiers timbrés à l'extraordinaire antérieurement à la promulgation de la loi susvisée et non encore employés, seront également admis, dans le délai de trois mois, à les présenter à la formalité du contre-timbre, en acquittant les suppléments de droit.

ART. 5. — Les types des timbres en usage seront modifiés de telle sorte qu'ils indiquent, indépendamment de la quotité actuelle, que cette quotité est assujettie à une perception supplémentaire, soit de deux dixièmes, soit d'un droit entier, soit de cinq centimes.

ART. 6. — L'administration de l'enregistrement, des domaines et du timbre fera déposer aux greffes des cours et tribunaux des empreintes des timbres et contre-timbres établis par le présent arrêté.

Le dépôt sera constaté par un procès-verbal dressé sans frais.

Art. 7. — Le ministre des finances est chargé de l'exécution du présent arrêté, qui sera inséré au *Bulletin des lois.*

Fait à Versailles, le 25 août 1871.

Signé : A. Thiers.

Le ministre des finances,

Signé : Pouyer-Quertier.

DÉCRET DU 25 NOVEMBRE 1871
relatif aux polices d'assurances

Le Président de la République française,

Sur le rapport du ministre des finances ;

Vu l'article 6 de la loi du 23 août 1871, qui établit une taxe obligatoire sur les contrats d'assurances maritimes ou contre l'incendie ;

Vu l'article 7 de la même loi, portant que cette taxe sera perçue pour le compte du Trésor par les compagnies, sociétés et tous autres assureurs, courtiers ou notaires qui auraient rédigé les contrats ;

Vu l'article 10, ainsi conçu :

« Un règlement d'administration publique déterminera le mode de perception et les époques de paiement de la taxe établie par l'article 6, ainsi que toutes les mesures nécessaires pour assurer l'exécution des articles 6 et 7 de la présente loi. Chaque contravention aux dispositions de ce règlement sera passible d'une amende de 50 francs ; »

La Commission provisoire chargée de remplacer le Conseil d'Etat entendue,

DÉCRÈTE :

TITRE PREMIER

Des assurances maritimes

Article premier. — La perception de la taxe établie sur les assurances maritimes est faite pour le compte du Trésor et au moment de la signature des polices, savoir :

Par les courtiers ou notaires qui auront rédigé les contrats ;

Par les compagnies, sociétés ou tous autres assureurs, pour les contrats souscrits sans intervention de courtiers ou de notaires ;

Si, dans ce dernier cas, le contrat est souscrit par plusieurs sociétés, compagnies ou assureurs, le montant intégral de la taxe est perçu par le premier signataire, désigné sous le nom d'*apériteur*, de la police.

Néanmoins, toutes les parties restent tenues solidairement du paiement des droits qui n'auraient pas été versés au Trésor aux époques ci-après.

Art. 2. — Les polices provisoires et les polices flottantes ne donnent pas lieu au paiement immédiat de la taxe ; mais cette taxe est perçue au moment de la signature de la police définitive, connue sous le nom de *police d'aliment*, *avenant*, *application*, ou sous toute autre dénomination que ce soit.

A cet effet les polices, avenants ou applications contiennent la mention expresse de la date, du numéro de la police provisoire ou flottante, ainsi que du nom de l'assuré et du navire.

Pareille mention est inscrite sur le livre ou registre que les courtiers ou notaires doivent tenir, en exécution de l'article 84 du Code de commerce, et de l'article 47 de la loi du 5 juin 1850, ainsi que sur le répertoire tenu par les compagnies, sociétés ou assureurs, conformément aux articles 44 et 45 de la loi précitée.

Les polices de réassurances doivent aussi faire mention expresse de la date et du numéro de la police primitive, ainsi que des noms du navire et de l'assureur primitif. Ces indications sont inscrites sur le répertoire tenu par le réassureur. L'assureur primitif inscrit également en marge de son répertoire la date et le numéro de la police de réassurance et le nom du réassureur.

Art. 3. — Le versement du montant des taxes perçues par les courtiers, notaires, sociétés, compagnies ou tous autres assureurs, a lieu dans les dix premiers jours qui suivent l'expiration de chaque trimestre, et au moment du dépôt des livres et répertoires assujettis au visa trimestriel du receveur de l'enregistrement.

Il est déposé, à l'appui du versement, un relevé, article par article, de toutes les polices inscrites pendant le trimestre précédent, soit au livre des courtiers ou notaires, soit au répertoire des compagnies, sociétés ou assureurs.

Ce relevé est totalisé, arrêté et certifié.

Il comprend dans des colonnes distinctes :

Le numéro d'ordre du livre ou du répertoire ;

Le numéro de la police ;

La date de la police ;

Le nom de l'assuré ;

Le nom du navire ;

Le montant des capitaux assurés ;

Le montant de la prime ;

Le montant de la taxe perçue.

Les polices provisoires, les polices flottantes, les polices de réassurance non sujettes à la taxe, sont portées au relevé, mais pour mémoire seulement.

Par exception, le premier versement comprendra les taxes afférentes aux polices souscrites depuis la promulgation de la loi du 23 août 1871 jusques et y compris le 31 décembre suivant.

Art. 4. — Les polices souscrites sans intermédiaire de courtiers ou de notaires sont inscrites, avec mention de la taxe perçue, au répertoire des compagnies, sociétés ou assureurs.

La taxe afférente aux polices concernant plusieurs assureurs est inscrite pour son montant intégral sur le répertoire du premier signataire ou apériteur, avec indication du nom des autres assureurs qui ont souscrit la police commune. Cette police figure, en outre, au répertoire de chacun de ces assureurs, mais seulement pour mémoire.

Les polices de réassurance, lorsqu'elles sont exemptes de la taxe, sont également inscrites pour mémoire, avec les annotations marginales prescrites par le dernier alinéa de l'art. 2.

Les polices provisoires et les polices flottantes sont inscrites au répertoire à l'encre rouge.

TITRE II

Des assurances contre l'incendie

Art. 5. — La taxe fixée par l'art. 6 de la loi du 23 août 1871, pour les assurances contre l'incendie, est établie sur l'intégralité des primes, cotisations ou contributions constatées dans les écritures des compagnies, sociétés ou assureurs.

Toutefois, sont déduites pour le calcul de la taxe :

1° Les primes, cotisations ou contributions relatives à des immeubles ou objets mobiliers situés à l'étranger ;

2° Celles perçues pour réassurances, à moins que l'assurance primitive souscrite à l'étranger n'ait pas été soumise à la taxe ;

3° Les primes, cotisations ou contributions que les sociétés, compagnies ou assureurs justifieraient n'avoir pas recouvrées par suite de la résiliation ou de l'annulation des contrats.

Il sera ouvert, dans les écritures des sociétés, compagnies et assureurs, un compte spécial à chacune des différentes natures de primes, cotisations ou contributions énumérées aux trois paragraphes précédents.

Art. 6. — Le paiement de la taxe est effectué, pour chaque trimestre, avant le dixième jour du troisième mois du trimestre suivant, au bureau de l'enregistrement du siège des sociétés ou compagnies, ou du domicile de l'assureur.

Toutefois, pour les sociétés d'assurances mutuelles dans lesquelles le montant des cotisations annuelles est, d'après les statuts, exigible par avance le 1er janvier de chaque année, le paiement de la taxe afférente aux contrats existants à cette époque est effectué par quart et dans les dix jours qui suivent l'expiration de chaque trimestre.

Art. 7. — Chaque année, après la clôture de écritures relatives à l'exercice précédent, et au plus tard le 31 mai, il est procédé, pour toutes les compagnies, sociétés ou assureurs, à une liquidation générale de la taxe due pour l'exercice entier.

Si de cette liquidation il résulte un complément de taxe au profit du Trésor, il est immédiatement acquitté. Dans le cas contraire, l'excédant versé est imputé sur l'exercice courant.

Art. 8. — A l'appui des versements prescrits par l'article 7, les sociétés, compagnies et assureurs remettent au receveur de l'enregistrement un état certifié conforme à leurs écritures commerciales et indiquant :

1° Le montant des primes, cotisations ou contributions échues pendant le trimestre et provenant des exercices antérieurs ;

2° Le montant des mêmes primes, cotisations ou contributions provenant des souscriptions nouvelles ;

3° Les déductions à opérer en exécution de l'article 5 ; il est ouvert une colonne spéciale à chaque nature de déduction ;

4° Le montant net des primes, cotisations ou contributions assujetties à la taxe.

Pour opérer la liquidation générale prévue par l'article 7, les sociétés, compagnies et assureurs remettent au receveur de l'enregistrement, avec la balance des comptes ouverts à leur grand-livre, un état récapitulatif de la totalité des opérations de l'année précédente. Cet état, dûment certifié, est vérifié au siége social par les agents de l'administration, auxquels sont représentés, à toute réquisition, tous livres, registres, polices, avenants et autres documents, quelle que soit d'ailleurs leur date.

Art. 9. — La taxe due pour la période écoulée depuis le jour où la loi du 23 août 1871 est devenue exécutoire, jusques et y compris le 31 décembre 1871, sera liquidée conformément au dernier paragraphe de l'article 8, et au plus tard le 31 mai 1872.

Il ne sera pas tenu compte des encaissements ou annulation de primes, cotisations ou contributions échues antérieurement à la promulgation de la loi précitée.

TITRE III

Dispositions générales

ART. 10. — Les compagnies, sociétés et assureurs étrangers qui feraient en France des opérations d'assurances, soit maritimes, soit contre l'incendie, sont soumis aux dispositions du présent règlement. De plus, ils doivent, avant toute opération ou déclaration, faire agréer par l'administration de l'enregistrement un représentant français personnellement responsable des droits et amendes.

Les compagnies, sociétés et assureurs étrangers établis en France au moment de la promulgation du présent règlement, devront faire agréer ce représentant avant le 1er janvier 1872.

ART. 11. — Le ministre des finances est chargé de l'exécution du présent décret.

Fait à Versailles, le 25 novembre 1871.

Signé : A. THIERS.

Par le président de la République,

Le ministre des finances,

Signé : POUYER-QUERTIER.

DÉCRET DU 27 NOVEMBRE 1871

sur les timbres mobiles de 0 fr. 10 c.

LE PRÉSIDENT DE LA RÉPUBLIQUE FRANÇAISE,

Sur le rapport du ministre des finances ;

Vu les articles 18 et suivants de la loi du 23 août 1871, relatifs aux droits de timbre auxquels sont assujettis les quittances, acquits, reçus ou décharges de sommes, titres, valeurs ou objets ;

Vu notamment la disposition de l'article 24, ainsi conçue :

« Un règlement d'administration publique déterminera la forme et les conditions d'emploi des timbres mobiles créés en exécution de la présente loi ; »

La Commission provisoire chargée de remplacer le Conseil d'État entendue,

DÉCRÈTE :

ARTICLE PREMIER. — Il est établi, pour l'exécution de l'article 18 de la loi susvisée, un timbre mobile à 10 centimes, conforme au modèle annexé au présent décret.

L'administration de l'enregistrement, des domaines et du timbre fera déposer au greffe des cours et tribunaux des spécimens de ce timbre mobile. Le dépôt sera constaté par un procès-verbal dressé sans frais.

ART. 2. — Ce timbre mobile est apposé sur les quittances ou acquits donnés au pied des factures et mémoires, les quittances pures et simples, les reçus ou décharges de sommes, titres, valeurs ou objets, et généralement sur tous les titres, de quelque nature qu'ils soient, signés ou non signés et qui emporteraient libération, reçu ou décharge.

Ce timbre est collé et immédiatement oblitéré par l'apposition, *à l'encre noire,* en travers du timbre, de la signature du créancier ou de celui qui donne reçu ou décharge, ainsi que de la date de l'oblitération.

Cette signature peut être remplacée par une griffe apposée

à l'encre grasse, faisant connaître la résidence, le nom ou la raison sociale du créancier et la date de l'oblitération du timbre.

Art. 3. — Les ordonnances, taxes, exécutoires et généralement tous mandats payables sur les caisses publiques, les bordereaux, quittances, reçus ou autres pièces, peuvent être revêtus du timbre à 10 centimes par les agents chargés du paiement. Le timbre est oblitéré au moyen d'une griffe par ces agents, qui demeurent responsables des contraventions commises à raison des pièces acquittées à leur caisse.

Les sociétés et compagnies, assureurs, entrepreneurs de transports et tous autres, assujettis aux vérifications des agents de l'enregistrement par l'article 22 de la loi du 23 août 1871 et par les lois antérieures, peuvent également, sous leur responsabilité, user de la même faculté, en ce qui concerne les actions, obligations, dividendes et intérêts payables au porteur, les rentes sur l'étranger ainsi que toutes autres pièces de dépenses, états de solde et d'émargement.

Art. 4. — Les sociétés, compagnies et particuliers qui, pour s'affranchir de l'obligation d'apposer et d'oblitérer les timbres mobiles, veulent soumettre au timbre à l'extraordinaire des formules imprimées pour quittances, reçus ou décharges, sont tenus de déposer ces formules et d'acquitter les droits (sauf la remise de 2 p. 0/0 accordée à titre de déchet) au bureau de l'enregistrement de leur résidence ou à celui qui sera désigné par l'administration, s'il existe plusieurs bureaux dans la même ville.

Art. 5. — Les formules d'états de solde ou de paiement, dits états d'*émargement*, les registres de factage ou de camionage et les autres documents pour lesquels il est dû un droit de timbre par chaque paiement excédant dix francs ou par chaque objet reçu ou déposé ne peuvent être timbrés à l'extraordinaire qu'autant que le droit à percevoir, par chaque page, correspondra à l'une des quotités des timbres de dimension en usage (actuellement 0 fr. 60 c., 1 fr. 20 c., 1 fr. 80 c., 2 fr. 40 c., et 3 fr. 60).

Art. 6. — Les billets de place delivrés par les compagnies

et entrepreneurs, et dont le prix excède 10 francs, peuvent, si la demande en est faite, n'être revêtus d'aucun timbre ; mais ces compagnies et entrepreneurs sont tenus de se conformer au mode de justification et aux époques de paiement déterminés par l'administration.

Art. 7. — Le ministre des finances est chargé de l'exécution du présent décret.

Signé : A. Thiers.

Par le président de la République,

Le ministre des finances,

Signé : Pouyer-Quertier.

DÉCRET DU 12 DÉCEMBRE 1871

Le Président de la République française,

Vu l'ordonnance du 19 octobre 1841, qui détermine les conditions de l'application, en Algérie, des lois, décrets et ordonnances qui régissent en France les droits d'enregistrement, de greffe et d'hypothèques ;

Vu l'ordonnance du 10 janvier 1843, relative à l'application, en Algérie, des lois, décrets et ordonnances qui régissent en France l'impôt et les droits de timbre ;

Vu la loi du 23 août 1871, sur le timbre et l'enregistrement ;

Vu l'arrêté pris le 25 du même mois, par le chef du pouvoir exécutif, pour l'exécution de l'art. 2 de la dite loi ;

Sur le rapport du ministre de l'intérieur, d'après les propositions du gouverneur général civil de l'Algérie,

DÉCRÈTE :

Article premier. — La loi du 23 août 1871 et l'arrêté du

chef du pouvoir exécutif du 25 du même mois, susvisés, sont rendus applicables et exécutoires en Algérie à partir du 1er janvier 1872, sauf les exceptions et modifications qui résultent des dispositions de l'ordonnance du 19 octobre 1841, précitée. A cet effet, ils y seront publiés et promulgués à la suite du présent décret, qui sera inséré au *Bulletin des Lois.*

Art. 2. — Le ministre de l'intérieur et le gouverneur général civil de l'Algérie sont chargés, chacun en ce qui le concerne, de l'exécution du présent décret.

Fait à Versailles, le 12 décembre 1871.

Signé : A. Thiers.

Par le président de la République,

Le ministre de l'intérieur,

Signé : Casimir Périer.

EXTRAIT

DE L'ORDONNANCE DU 19 OCTOBRE 1841

sur l'application des droits d'enregistrement en Algérie.

Art. 2. — Il ne sera perçu, pour les droits d'enregistrement, de greffe et d'hypothèques, que la moitié des droits, soit fixes, soit proportionnels, décime non compris, qui sont perçus en France, sans que néanmoins, dans aucun cas, le minimum du droit perçu pour un même acte puisse être au-dessous de 0 fr. 25 centimes.

Art. 4 — Les mutations de biens meubles et immeubles, droits et créances, opérées par décès, ne sont assujetties à aucun droit ni soumises à aucune déclaration.

DEUXIÈME PARTIE

COMMENTAIRE ET INSTRUCTIONS

Article premier.

SECOND DÉCIME SUR LES PRODUITS DONT LE RECOUVREMENT EST CONFIÉ A L'ADMINISTRATION DE L'ENREGISTREMENT.

Cette disposition n'est pas applicable à l'Algérie, en exécution de l'art. 2 de l'ordonnance du 19 octobre 1841.

Art. 2.

TIMBRE. — AUGMENTATION DES DROITS.

§ 1er. — *Timbre de dimension et timbre des actions ou obligations.*

Les droits de timbre de dimension de toute nature sont augmentés de deux dixièmes du prix actuel.

Cette augmentation s'applique au papier filigrané vendu par l'État; aux timbres mobiles de dimension ; aux passeports à l'intérieur et à l'étranger ; aux actions et obligations ; aux affiches et au droit d'affichage; aux polices d'assurances ; enfin aux bordereaux des agents de change et courtiers.

Par suite, les papiers ou timbres mobiles *de dimension*, qui se vendaient précédemment 0f 50, 1f, 1f 50, 2f et 3f, coûteront désormais 0f 60, 1f 20, 1f 80, 2f 40 et 3f 60.

Les passeports à l'intérieur et à l'étranger seront payés à raison de 2f 40 et 12f.

Le timbre proportionnel de 0f 50 par 100f, auquel est assujetti chaque titre ou certificat d'action dans une société, compagnie ou entreprise quelconque, d'après l'article 14 de la loi du 5 juin 1850, est porté à 0f 60 par 100f. En cas d'abonnement, le droit annuel se trouve élevé de 0f 05 à 0f 06 centimes.

Le droit de timbre de 1f °/₀, exigible d'après l'art. 27 de la même loi, sur les titres d'obligations souscrits par les départements, communes, établissements publics et compagnies, sera de 1f 20, ou, en cas d'abonnement, de 0f 06 par 100f annuellement, au lieu de 0f 05 centimes.

Le droit fixe de 0f 20, dont sont passibles les quittances délivrées par les comptables de deniers publics et les récépissés de chemins de fer, sera de 0f 25.

Enfin, le prix des permis de chasse, pour la part revenant à l'Etat, est porté à 30f au lieu de 15f, de telle sorte que ces permis coûteront 40f, y compris les 10f attribués aux communes.

§ 2. — *Timbre proportionnel.*

Le prix du papier timbré, proportionnellement aux sommes à inscrire sur chaque coupon, autrement dit des effets de commerce, est doublé.

Ce prix, précédemment de 0f 50 par 1,000f, est porté à

1^f^; par suite, le coupon pour un effet de 100^f^ et au-dessous coûtera 0^f^ 10 au lieu de 0^f^ 05 ; de 200^f^ et au-dessous, 0^f^ 20 au lieu de 0^f^ 10, et ainsi de suite.

Le même tarif est applicable aux effets tirés de *l'étranger sur l'étranger*, qui en étaient exempts jusqu'à ce jour, s'ils sont négociés, endossés, acceptés ou acquittés, tant en France qu'en Algérie.

La personne qui recevrait du souscripteur un effet non timbré, conformément aux dispositions qui précèdent, serait tenue de le faire viser pour timbre dans les quinze jours de sa date, ou avant l'échéance, si cet effet est à moins de quinze jours de date ; dans tous les cas, avant toute négociation. Le droit de timbre est alors de 0^f^ 30 par 100^f^, ou 3^f^ par 1,000^f^, sans autre pénalité.

Toute contravention est punie d'une amende de 6 % contre le souscripteur, l'accepteur et le bénéficiaire ou premier endosseur, chacun personnellement et solidairement. (Art. 4 de la loi du 5 juin 1850.)

§ 3. — *Échanges de papiers timbrés.*

Les officiers publics et les particuliers seront admis, pendant un délai de trois mois, à partir du 1er janvier 1872, à échanger, dans un bureau d'enregistrement seulement, et non chez les distributeurs auxiliaires, les papiers filigranés et timbrés restés sans emploi entre leurs mains. Ils devront prendre des papiers de même nature au nouveau timbre ou contre-timbrés, pour une somme au moins égale au prix des papiers donnés en échange.

Le même délai de trois mois est accordé : 1° aux détenteurs de papiers timbrés à l'extraordinaire (lettres de voiture, connaissements, factures, etc.), pour les faire contre-timbrer, en acquittant les suppléments de droit ; 2° aux détenteurs de feuilles au timbre de dimension ou de coupons et effets de commerce au timbre proportionnel que l'apposition préalable d'une griffe ou une maculature quelconque empêcherait l'Administration de mettre en circulation.

§ 4. — *Timbres mobiles proportionnels.*

Les timbres mobiles proportionnels, dont le droit est doublé, destinés aux effets de commerce venant de l'étranger et aux warants, ne seront pas modifiés jusqu'à épuisement des approvisionnements. Les personnes qui auront à en faire usage devront employer deux timbres au lieu d'un.

Art. 3 et 4.

TRANSMISSION DE VALEURS MOBILIÈRES ÉTRANGÈRES, SOIT ENTRE FRANÇAIS, SOIT ENTRE FRANÇAIS ET ÉTRANGERS.

L'art. 7 de la loi du 18 mai 1850 avait assujetti aux droits établis pour les successions ou donations, les transmissions par décès ou entre vifs, à titre gratuit, de fonds publics, d'actions et obligations de compagnies ou sociétés d'industrie et de finances *étrangers*, entre Français.

Ces dispositions sont rendues applicables à toutes les valeurs étrangères, de quelque nature qu'elles soient, transmises par décès, à titre gratuit ou à titre onéreux, tant entre Français qu'entre Français et étrangers, lorsque la transmission s'opère tant en France qu'en Algérie.

Toutefois, l'art. 4 de l'ordonnance du 19 octobre 1841, dont les effets sont maintenus, exemptant de tout droit les mutations par décès de biens meubles et immeubles en Algérie, les transmissions *entre vifs* (donations, cessions ou échanges) de valeurs mobilières étrangères, donneront seules ouverture aux droits proportionnels fixés pour les actes similaires concernant des valeurs françaises.

Art. 5.

ACTES D'OUVERTURE DE CRÉDIT.

Les actes d'ouverture de crédit, sans effet actuel, n'étaient assujettis, d'après la législation en vigueur, qu'à un droit fixe d'enregistrement. La preuve de la réalisation du crédit rendait seule exigible le droit proportionnel de 1^{f} ou de 2^{f} par 100^{f} (moitié en Algérie), suivant les circonstances.

Par voie de conséquence, les inscriptions prises en vertu de ces actes, dans les conservations d'hypothèques, ne donnaient ouverture au droit proportionnel de 1^{f} par $1,000^{f}$, qu'en cas de réalisation partielle ou totale.

L'art. 5 de la loi du 23 août soumet au droit proportionnel de 0^{f} 50 par 100^{f} (0^{f} 25 en Algérie) tous les actes d'ouverture de crédit non réalisé, sans distinction, sauf à tenir compte ultérieurement du montant de ce droit dans la liquidation des droits exigibles lors de la réalisation. Par suite, le droit proportionnel d'hypothèque devra être perçu, dans tous les cas, sur l'inscription des hypothèques garantissant les ouvertures de crédit.

Art. 6 à 10.

PERCEPTION OBLIGATOIRE SUR LES CONTRATS D'ASSURANCES MARITIMES OU CONTRE L'INCENDIE.

Les contrats d'assurance formaient, par rapport à l'ancien tarif, trois catégories distinctes :

1° Contrats d'assurances maritimes passibles du droit fixe ou du droit proportionnel sur la valeur de la prime, suivant les cas ;

2° Contrats d'assurances à primes fixes, de toute nature, passibles du droit de 1 °/₀ sur le montant de la prime, mais seulement lorsqu'ils étaient produits en justice ou présentés volontairement à l'enregistrement ;

3° Contrats d'assurances mutuelles, considérés comme actes de société, et assujettis au droit fixe de 5f.

Aux termes de l'art. 6, ces droits sont convertis, pour toutes les assurances maritimes et contre l'incendie, en une taxe obligatoire, fixée ainsi qu'il suit pour la métropole :

1° Pour les contrats d'assurances maritimes, à 0f 50 par 100f du montant des primes et accessoires de la prime (0f 25 °/₀ en Algérie) ;

2° Pour les contrats d'assurances contre l'incendie, à 8f par 100f, *annuellement*, du montant des primes, en cas d'assurances à primes fixes ; du montant des cotisations ou contributions, en cas d'assurance mutuelle (4f °/₀ en Algérie). La perception suivra les sommes de 20f en 20f, sans fraction, et la moindre taxe perçue pour chaque contrat sera de 0f 25 centimes.

Cette taxe obligatoire étant limitée aux *assurances maritimes et contre l'incendie*, tous les autres contrats d'assurance sur la vie, la grêle, l'épizootie, etc., continuent à être régis par la législation antérieure.

PERCEPTION DE LA TAXE. — La taxe doit être perçue au moment de la signature du contrat, pour le compte du Trésor, par les compagnies, sociétés et tous autres assureurs, courtiers ou notaires qui auraient rédigé les contrats.

RÉPERTOIRES. — Le montant des primes ou cotisations exigibles, ainsi que la taxe payée par les assurés pour chaque contrat, doivent être mentionnés expressément sur les répertoires des compagnies, sociétés, assureurs, courtiers ou notaires, sous peine d'une amende de 10f pour chaque contravention.

Les polices provisoires et les polices flottantes devront être inscrites sur ces repertoires à l'*encre rouge*.

EXEMPTION PROVISOIRE DE LA TAXE. — Les polices provisoires et les polices flottantes sont exemptes de la taxe, mais n'en doivent pas moins être portées sur les répertoires.

La taxe n'est due que sur les polices définitives, dites police d'*aliment*, *avenant* ou *application*.

MODE ET ÉPOQUE DE VERSEMENT DES TAXES. — Le mode et l'époque du versement des taxes perçues par les assureurs ou autres pour le compte du Trésor, varient suivant qu'il s'agit d'assurances maritimes, d'assurances contre l'incendie à primes fixes ou d'assurances mutuelles.

§ 1er. — *Assurances maritimes.*

Les taxes relatives à ces sortes d'assurances et payables par les assurés au moment de la signature des polices, doivent être versées, en totalité, au bureau de l'enregistrement chargé de la recette des droits de timbre, *dans les dix premiers jours qui suivent l'expiration de chaque trimestre*, au moment du dépôt des livres et répertoires assujettis au visa.

Le versement doit être accompagné, en outre, d'un relevé, article par article, totalisé, arrêté et certifié, de toutes les polices inscrites pendant le trimestre précédent sur les livres ou répertoires. Chaque agence est astreinte à la tenue d'un répertoire non sujet au timbre, sur lequel devront être inscrites les polices. (Art. 44 de la loi du 5 juin 1850.)

§ 2. — *Assurances contre l'incendie.*

D'après l'art. 5 du décret du 25 novembre 1871, la taxe à laquelle sont soumises les assurances contre l'incendie est établie sur l'intégralité des primes, cotisations ou contributions constatées dans les écritures des compagnies, sociétés ou assureurs, sous certaines déductions spécifiées au dit article.

Pour les assurances à primes fixes, le paiement est effectué au bureau de l'enregistrement chargé de la recette du timbre, pour la totalité des taxes et pour chaque trimestre, avant le dixième jour du troisième mois du trimestre suivant.

Pour les assurances mutuelles, le paiement de la taxe afférente aux contrats *en cours d'exécution au 1er janvier* de chaque année, est effectué, *par quart*, dans les dix jours qui suivent l'expiration de chaque trimestre.

En ce qui concerne les contrats souscrits postérieurement au 1er janvier, pendant l'exercice courant, le montant intégral des taxes perçues devra être versé *dans les dix premiers jours du deuxième mois de chaque trimestre*, de même que pour les assurances à prime fixe.

A l'appui des versements trimestriels, les sociétés et assureurs doivent remettre au receveur un état certifié de leurs opérations, dans la forme prescrite par l'art. 8 du décret du 25 novembre 1871.

En outre, chaque année et au plus tard avant le 31 mai, il doit être procédé à une liquidation générale de la taxe due pour l'exercice entier. (Art. 7 du même décret.)

A cet effet, les assureurs remettront au receveur, avec la balance des comptes ouverts à leur grand-livre, un état récapitulatif de la totalité des opérations de l'année précédente.

Il résulte de ce qui précède :

1° Que, du *1er au 10 avril* prochain, les compagnies ou assureurs devront payer, savoir : 1° Pour les assurances maritimes, la taxe exigible sur tous les contrats d'assurance créés pendant le premier trimestre de 1872, à raison de 0f 25 °/o du montant de la prime ou du minimum de 0f 25 fixe, pour chaque contrat ; 2° pour les assurances mutuelles contre l'incendie, le quart de la taxe annuelle afférente aux polices existant au 1er janvier 1872, à raison de 4f °/o du montant des cotisations ;

2° Que la taxe annuelle concernant les polices d'assurances à prime fixe existant au 1er janvier 1872, devra être payée dans les dix premiers jours du mois de mars ;

que les polices à primes fixes et d'assurances mutuelles créées pendant le trimestre de janvier donneront lieu au paiement de la taxe dans les dix premiers jours de juin ; ainsi de suite.

Comme conséquence de la nouvelle taxe, les polices d'assurances maritimes ou contre l'incendie, autres que celles passées à l'étranger pour des immeubles sis en France ou passées en France pour des immeubles sis à l'étranger, qui font l'objet des articles 8 et 9 de la loi du 23 août 1871, seront enregistrées gratis quand la formalité sera requise.

Les compagnies, sociétés ou autres assureurs sont tenus de représenter, à toute réquisition, aux agents de l'enregistrement, tous livres, registres, polices, avenants et autres documents, quelle que soit leur date.

PÉNALITÉS. — Indépendamment de l'amende de 10f, prononcée par l'art. 7 de la loi en ce qui concerne la tenue des répertoires, toute contravention aux dispositions qui précèdent est passible d'une amende de 50f.

OBSERVATION IMPORTANTE CONCERNANT EXCLUSIVEMENT LES ASSURANCES CONTRE L'INCENDIE. — Ces dispositions et les obligations qui en résultent ne concernent que les compagnies à primes ou autres, les sociétés d'assurances mutuelles, les assureurs particuliers, courtiers et notaires qui reçoivent personnellement des assurances ; en d'autres termes, les taxes doivent être centralisées et payées au bureau d'enregistrement du lieu où les compagnies, sociétés ou assureurs particuliers ont leur principal établissement. Il n'est rien innové, à cet égard, au mode de perception établi par la loi du 5 juin 1850, relativement au timbre. Par suite, les agents d'assurances locaux, qui ne font que servir d'intermédiaires entre les compagnies ou sociétés dont ils sont les représentants, et les assurés, n'ont à se préoccuper d'aucune formalité autre que celle du recouvrement de la taxe sur les assurés, au moment de la signature des polices.

Articles 11 et 14.

BAUX. — LOCATIONS VERBALES D'IMMEUBLES. — ENREGISTREMENT DES BAUX. — DÉCLARATIONS.

Cet article a pour objet de rendre plus efficaces les principes posés par la loi du 22 frimaire an VII, sur l'exigibilité des droits auxquels donnent ouverture les transmissions de jouissance de biens immeubles, autrement dit les locations à titre gratuit ou onéreux, verbales ou par écrit, de propriétés urbaines ou rurales.

Ces droits, dont la liquidation a pour base le prix annuel exprimé, en y ajoutant les charges imposées au preneur, varient, comme quotité, suivant que la transmission a lieu à titre onéreux ou à titre gratuit.

Dans le premier cas, à titre onéreux, le droit est invariablement, en Algerie, de 0f 10 par 100f du prix fixé pour toute la durée du bail; dans le second cas, la quotité varie, comme en matière de donation, suivant le degré de parenté existant entre le bailleur et le preneur.

Afin de faciliter autant que possible aux contribuables l'exécution de la loi, nous diviserons tout ce qui est relatif aux locations d'immeubles en plusieurs paragraphes distincts, comprenant: 1° les exemptions; 2° les obligations respectives des parties ; 3° les délais accordés pour l'enregistrement des baux ou les déclarations qui doivent en tenir lieu ; 4° les pénalités encourues en cas de contravention ; 5° circonscription des bureaux.

§ 1er. — *Des exemptions.*

Sont exempts de tout droit, à moins qu'un bail écrit ne soit volontairement présenté à l'enregistrement :

1° Les locations ne dépassant pas trois ans et dont le prix annuel n'excède pas 100f, sauf les exemptions dont il sera parlé ci-après ;

2° Les baux à colonage ou à moitié fruits, considérés comme une association entre le propriétaire et le colon ;

3° Les locations d'appartements meublés.

A ce sujet, toutefois, une distinction est à faire.

La personne qui occupe, en vertu de conventions verbales, un appartement meublé, n'est pas considérée, au regard de la loi fiscale, comme un locataire.

Si donc un propriétaire meuble sa maison et loue *en garni* les appartements qui en dépendent, il est assimilé au propriétaire qui exploite lui-même sa ferme. Aucun droit n'est dû.

Si, au lieu d'exploiter par lui-même et directement, il loue au contraire la même maison, en tout ou en partie, à un tiers qui l'habite exclusivement ou en sous-loue une partie à son profit, le preneur devient un véritable locataire, il y a bail et le droit est exigible.

§ 2. — *Des obligations respectives des parties.*

Ces obligations concernent, soit le bailleur seul, soit le bailleur et le preneur, personnellement et solidairement.

N° 1. — *Des obligations personnelles au bailleur seul.*

LOCATIONS INFÉRIEURES A 100 FRANCS. — Ainsi qu'il a été dit plus haut, les locations ne dépassant pas trois ans et dont le prix annuel n'excède pas 100f sont exemptes de tout droit.

Cependant, si le même propriétaire a consenti plusieurs locations verbales, inférieures chacune à 100f annuellement, mais dont le total dépasse cette somme, il est tenu d'en faire la déclaration et de payer les droits auxquels ces locations donnent lieu, sans aucun recours contre ses locataires.

Exemple : M. X... possède, dans le même immeuble ou dans des immeubles différents, plusieurs chambres non meublées, louées, soit au mois, soit à l'année, moyennant une somme qui ne dépasse pas annuellement 100f pour chacune, mais dont le prix cumulé s'élève à une somme supérieure ; il devra en faire la déclaration, à l'exclusion des locataires qui ne sont pas même astreints au remboursement des droits afférents à leur location. La déclaration devra être détaillée et le droit sera perçu, au minimum de 0f 25, distinctement pour chaque location.

LOCATIONS DE 100 A 300 FRANCS. — Le propriétaire ou bailleur est seul tenu de faire les déclarations, sauf son recours contre les locataires, mais uniquement pour le remboursement du droit d'enregistrement, à la charge de ces derniers.

N° 2. — *Des obligations personnelles tant au bailleur qu'au preneur.*

LOCATIONS SUPÉRIEURES A 300 FRANCS ANNUELLEMENT. — Le preneur ou locataire et, à son défaut, le bailleur ou propriétaire, sont personnellement responsables du défaut de déclaration et de paiement des droits dans les délais. La solidarité n'existe entre eux que pour le montant du droit simple d'enregistrement.

Toutefois le bailleur peut s'affranchir de toute responsabilité à l'égard du droit en sus personnellement à sa charge, et se dispenser même du versement immédiat du droit simple, soit en déposant l'acte constatant la convention, s'il en existe, soit en faisant la déclaration prescrite dans les délais déterminés ci-après.

§ 3. — *Délais fixés pour l'enregistrement des baux ou les déclarations.*

Les baux écrits doivent être enregistrés dans les trois mois de leur date et les déclarations de locations verbales faites dans les trois mois de l'entrée en jouissance, par le propriétaire pour les locations de 300f et au-dessous, par le locataire pour celles d'un prix supérieur à 300f.

Un délai supplémentaire et de faveur d'un mois est accordé au propriétaire pour s'assurer que le locataire s'est conformé à la loi, et accomplir, s'il y a lieu, l'obligation que ce dernier aurait négligé d'observer.

Contrairement à la note explicative portée à la page 33 d'une brochure sur les nouveaux impôts, publiée à Bordeaux, le locataire sortant n'a nullement à se préoccuper les faits et gestes de son successeur; l'auteur s'est mépris sur les termes et la portée de la loi.

DU MODE DE PAIEMENT DES DROITS. — Les droits doivent être payés au bureau de l'Enregistrement, s'il n'en existe qu'un seul dans la même localité ou, dans le cas contraire, à celui des bureaux désigné par l'Administration.

Ces droits sont liquidés et perçus d'après la déclaration estimative faite par les parties sur des feuilles fournies par l'Administration.

Si la location est déclarée faite pour une période de trois ans ou au-dessous, le droit sera perçu sur le prix cumulé pendant la période déclarée.

Si la location est déclarée faite suivant l'usage des lieux, au mois, par trimestre ou par semestre, les parties ont le droit de ne payer que par fraction correspondant à chaque terme, sauf à renouveler le paiement dans les *vingt jours* qui suivront l'échéance de chaque terme, jusqu'à ce qu'il ait été déclaré que le bail a cessé ou qu'il a été résilié.

Exemple : X... est locataire au mois d'un appartement non meublé, moyennant 100 fr. par mois.

S'il veut payer par fractions, il devra verser, dans les vingt premiers jours de chaque mois, le droit d'enregistrement afférent à chaque terme, au minimum de 0^f 25, ce qui représentera 3^f à la fin de l'année.

Mais il nous semblerait préférable, dans son intérêt, de faire la déclaration pour l'année entière, auquel cas il ne serait perçu que 1^f 20 à raison de 0^f 10 °/₀ sur $1,200^f$, d'où une économie de temps et d'argent.

Si la location, écrite ou verbale, est faite pour plus de

trois ans, les parties peuvent ne payer, si elles le requièrent, que le droit exigible sur la première période triennale, sauf à renouveler les paiements dans le premier mois de l'année qui commencera chacune des périodes suivantes.

Un délai de faveur de trois mois, à partir du 1er janvier 1872, date de la mise à exécution de la loi en Algérie, est accordé, soit pour faire enregistrer et timbrer sans droits en sus ni amende tous les baux écrits antérieurs de plus de trois mois à cette date, soit pour déclarer les locations verbales en cours d'exécution avant le 1er janvier. Pour ces dernières le droit n'est dû que d'après le temps restant à courir.

§ 4. — *Pénalités.*

Toute déclaration insuffisante donnera lieu au droit simple d'enregistrement, au droit en sus et aux frais d'expertise.

Tout défaut d'enregistrement dans les délais, des baux écrits ou de déclaration des locations verbales, sera puni, indépendamment du paiement du droit simple, d'un droit en sus qui ne pourra être inférieur à 50f, tant contre le locataire que contre le propriétaire, chacun personnellement, à moins que ce dernier n'ait dégagé sa responsabilité, soit en déposant l'acte, soit en faisant la déclaration prescrite aux lieu et place de son locataire.

§ 5. — *Circonscription des bureaux.*

Les baux écrits peuvent être enregistrés et les déclarations de locations verbales peuvent être faites dans tous les bureaux d'enregistrement, indistinctement, quelle que soit la situation des immeubles. C'est-à-dire que le locataire ou le propriétaire résidant à Oran peut faire enregistrer ou déclarer à l'un des bureaux de cette localité le bail relatif à un immeuble sis, soit en France, soit en Algérie, et *vice versâ*.

Afin d'éviter l'encombrement, des circonscriptions, par bureau, ont été établies pour Tlemcen et Oran.

A Tlemcen, toutes les déclarations relatives à des immeubles sis dans l'intérieur de la ville devront être faites au bureau de l'enregistrement, rue de l'Abattoir.

Toutes celles concernant des immeubles sis dans la banlieue, les annexes ou un point quelconque du territoire français, seront reçues au bureau des domaines.

A Oran, tous les actes seront enregistrés au bureau de l'enregistrement des actes civils, rue de Tenez.

Les déclarations de locations verbales sont réparties d'après le tableau suivant, tout à fait spécial à la province d'Oran.

(Voir le tableau à la page suivante.)

	BUREAUX	COMMUNES	SECTIONS OU HAMEAUX
1re CIRCONSCRIPTION	Bureau des Actes judiciaires rue Bassano	AIN-EL-TURCK.....	Aïn el-Turck. — Bou Sfer. — Les Andalouses.
		MERS-EL-KEBIR ...	Mers-el-Kebir. — Saint-André. — Sainte-Clotilde. — Saint-Jérôme.
		MISSERGHIN... ...	Misserghin.
		ORAN	*1re circonscription électorale.* — Quartiers de la Blança, — de la Marine, — Kléber (côtés nord et ouest), — côté droit de la route du Ravin et de la route d'Oran à Tlemcen.
2e CIRCONSCRIPTION	Bureau des Actes civils rue de Ténez	BOU-TLÉLIS	Bou-Tlélis. — Brédéa. — M'sila.
		LOURMEL	Lourmel.
		SIDI-CHAMI	Arcole. — L'Étoile. — Saint-Georges. — Saint-Rémy. — Sidi-Chami. — Sidi-Marouf.
		ORAN	*2e circonscription électorale.* — Quartiers de la place Kléber (côtés est et sud), — Philippe, — de la Révolution, — côté gauche de la route du Ravin, — de la route d'Oran à Tlemcen, — côté droit de la route d'Oran à la Sénia.
3e CIRCONSCRIPTION	Bureau des Domaines rue des Jardins	Ste-BARBE-DU-TLÉLAT	Sainte-Barbe-du-Tlélat et les fermes qui en dépendent.
		VALMY	Mangin. — Aïn-Beïda. — Valmy.
		ORAN (extra muros)	La Sénia, — le côté gauche de la route d'Oran à la Sénia, entre cette route, la commune de Sidi-Chami et la mer.
		ORAN (intra muros)	*3e circonscription électorale.* — Quartiers de Karguentah, — Saint-Antoine, — Saint-Michel, — Village-Nègre.

Ces circonscriptions sont provisoires et pourront être modifiées ultérieurement.

L'Administration prendra, en outre, les mesures nécessaires pour épargner, autant que possible, aux contribuables, des déplacements onéreux, et faciliter la réception des déclarations et le paiement des droits dans les localités où il n'existe pas de bureau d'enregistrement.

Les déclarations peuvent être faites au nom de l'intéressé par un mandataire. Les procurations exemptes de l'enregistrement doivent être rédigées sur une feuille au timbre de 0f 60 et indiquer exactement : 1° les nom, prénoms, profession et domicile, tant du propriétaire ou bailleur que du locataire ou preneur ; 2° la date de l'entrée en jouissance ; 3° la durée de la location ; 4° la désignation de l'immeuble ; 5° le prix annuel de location ou le prix de chaque terme ; 6° la désignation et le montant des charges, s'il y a lieu.

Elles doivent porter, en outre, la signature du mandant et celle du mandataire.

Art. 12, 13 et 17.

DISSIMULATIONS DE PRIX DANS LES VENTES OU LES SOULTES D'ÉCHANGE ET DE PARTAGE.

Sous l'ancienne législation, toute dissimulation constatée ou reconnue dans le prix d'une vente ou dans les soultes d'échange et de partage donnait ouverture au droit simple de mutation sur l'excédant du prix ou de la soulte, et à un droit en sus sur cet excédant s'il dépassait le 8me du prix stipulé.

L'art. 12 de la loi du 23 août frappe ces dissimulations

d'une amende supplémentaire égale au quart de la somme dissimulée, soit de 25f %, décimes non compris, payable solidairement par toutes les parties contractantes, indépendamment des droits simples et en sus.

Exemple: Pierre vend à Paul une propriété. Le prix réel est de 20,000f. 10,000f sont payés comptant; par suite, le prix stipulé dans l'acte n'est porté qu'à 10,000f, somme restant due.

Si la dissimulation vient à être constatée d'une manière quelconque, Pierre et Paul deviennent personnellement et solidairement débiteurs :

1° Du droit simple sur 10,000f à 2f 75 %	275f
2° Du droit en sus....................	275
5° D'une amende égale au quart (les décimes n'existant pas en Algérie), soit.......	2.500
Total.........	3.050f

L'Administration a deux actions distinctes et indépendantes pour constater les dissimulations de prix :

1° L'expertise, telle qu'elle est reglée par les articles 17 et suivants de la loi du 22 frimaire an VII, sous réserve des modifications résultant de l'art. 15 de la loi du 23 août 1871, pour les sommes n'excédant pas 2,000f ;

2° L'action en répression, qui doit être suivie, à défaut de paiement volontaire de l'amende, d'après les règles du droit commun, ainsi qu'il est spécifié à l'art. 13.

Aux termes de cet article, l'Administration est autorisée à établir la dissimulation par tous les genres de preuve, à l'exception du serment décisoire, pendant un délai de 10 ans pour la preuve testimoniale, pendant 30 ans pour tous les autres moyens, tels que quittances, déclarations, jugements et tous actes émanant de l'une ou de l'autre des parties contractantes.

Il est expressément prescrit aux notaires, sous peine de 10f d'amende, de donner lecture aux parties des articles 12 et 13 dont il s'agit, et de faire mention de cette lecture dans tous les actes de vente, de partage ou d'échange qu'ils rédigeront.

Art. 14.

DÉFAUT D'ENREGISTREMENT DES ACTES DE VENTE D'IMMEUBLES SOUS SEING PRIVÉ OU DE DÉCLARATION SUPPLÉTIVE.

Aux termes de l'art. 22 de la loi du 22 frimaire an VII, tous les actes sous signatures privées, emportant transmission de propriété ou d'usufruit de biens immeubles, doivent être enregistrés dans les trois mois de leur date, sous peine de devenir passibles d'un droit en sus égal au droit simple d'enregistrement auquel la convention donne lieu.

A défaut de conventions écrites, les parties sont tenues d'y suppléer, d'après l'art. 4 de la loi du 27 ventôse an IX, au moyen d'une déclaration détaillée estimative faite dans un bureau d'enregistrement, dans les trois mois de l'entrée en possession, également sous peine d'un droit en sus, sans minimum.

L'art. 14 a pour objet d'augmenter les pénalités édictées par les lois qui précèdent pour défaut d'enregistrement des actes de vente ou de déclaration supplétive dans les trois mois, soit de la date de l'acte, soit de l'entrée en possession.

Ces pénalités sont doublées et portées à un minimum de 50f chacune, indépendamment du droit simple, l'une à la charge du vendeur, l'autre à la charge de l'acquéreur, personnellement et sans recours, nonobstant toute stipulation contraire, de telle sorte que toute mutation à titre onéreux, dont les droits n'auront pas été payés dans les délais prescrits, sera passible de trois droits :

1° Le droit simple, dû solidairement par toutes les parties ;

2° Un droit en sus, au minimum de 50f, à la charge du vendeur ;

3° Un droit en sus, au minimum de 50f, à la charge de l'acquéreur.

Exemple : Pierre vend à Paul, le 10 janvier 1872, une maison moyennant 10,000f, avec entrée en jouissance à partir du 1er mars 1872.

Si la vente est faite par écrit sous seing privé, l'acte la constatant devra être présenté à l'enregistrement avant le 10 avril 1872.

Si la vente est faite verbalement, il suffira que la déclaration en soit souscrite avant le 1er juin.

Toutefois, de même que pour les locations, l'ancien possesseur ou vendeur peut s'affranchir de toute responsabilité à l'égard du droit en sus à sa charge et du paiement immédiat du droit simple, soit en déposant dans un bureau d'enregistrement l'acte qui constate la vente, soit en faisant la déclaration prescrite.

Un délai supplémentaire d'un mois lui est accordé à cet effet.

Ainsi, en prenant l'exemple qui précède, Pierre, vendeur, aura jusqu'au 10 mai pour déposer l'acte, ou jusqu'au 1er juillet pour faire sa déclaration, dans le cas où l'acquéreur n'aurait pas désintéressé le Trésor.

Ces délais expirés, il serait dû :

1° Par Pierre et par Paul, solidairement, le droit simple........................	275f
2° Par Pierre, personnellement, un droit en sus	275
3° Par Paul, personnellement, un second droit en sus..............................	275
Total............	825f

En France, ces droits seraient, en principal, de	1.650f
Double décime...........................	330
Total............	1.980f

DÉLAI DE FAVEUR. — Un délai de faveur de trois mois, à partir du 1er janvier 1872, est accordé pour l'enregistrement ou la déclaration, sans droits en sus ni amendes, de toutes les ventes ou mutations quelconques, par acte sous seing privé ou verbales, en contravention aux lois sur l'enregistrement et le timbre.

En d'autres termes, tout individu détenteur d'un acte de vente sous seing privé fait sur papier non timbré peut, jusqu'au 31 mars, faire enregistrer cet acte en ne payant que le droit simple d'enregistrement et le droit de timbre. La même faveur est accordée pour les mutations verbales.

Passé ce délai, le vendeur et l'acquéreur seront passibles des peines édictées par la nouvelle loi.

Art. 15.

SIMPLIFICATION DES FORMES DE L'EXPERTISE.

Dans le cas où l'Administration est autorisée à penser que le prix indiqué, soit pour un bail, soit pour une vente, est inférieur au prix réel, elle est en droit de recourir à l'expertise pour faire constater la dissimulation.

Si le prix exprimé n'excède pas 2,000f, l'expertise est faite par un seul expert.

Au-dessus de 2,000f, la procédure déterminée par l'article 18 de la loi du 22 frimaire an VII est maintenue

Art. 16.

ACTES PRODUITS EN JUSTICE. — DÉPÔT AU GREFFE.

Cet article impose aux tribunaux l'obligation d'ordonner, soit d'office, soit sur les réquisitions du ministère public, le dépôt immédiat au greffe de tous les actes et écrits produits en justice et non enregistrés.

Art. 17.

DÉLAI DE FAVEUR.

Tout ce qui se rapporte à cet article a été traité au sujet des locations et des ventes.

Art. 18, 19, 20, 22, 23, 24.

DROIT DE TIMBRE SPÉCIAL SUR LES QUITTANCES, REÇUS, DÉCHARGES, ETC. — MODE DE PERCEPTION. — PÉNALITÉS.

L'impôt du timbre frappe de deux manières distinctes tous les écrits publics ou privés qui y sont assujettis. Les principes, à cet égard, sont posés d'une manière générale par les articles 1 et 30 de la loi fondamentale du 13 brumaire an VII, ainsi conçus :

ART. 1er. — « La contribution du timbre est établie » sur tous les papiers destinés aux actes civils et judi- » ciaires et aux écritures qui peuvent être produites en » justice et y faire foi. — Il n'y a d'autres exceptions » que celles nommément exprimées dans la présente. »

ART. 30. — « Les écritures privées qui auraient été » faites sur papier non timbré, sans contravention aux » lois sur le timbre, quoique non comprises nommément » dans les exceptions, ne peuvent être produites en jus- » tice sans avoir été soumises au timbre extraordinaire » ou au visa pour timbre, à peine d'une amende de 30f, » outre le droit de timbre. »

Il ressort de ces dispositions que certains écrits sont soumis par leur nature même, et quel que soit l'usage qui peut en être fait ultérieurement, à un droit de timbre, formant, en quelque sorte, un impôt originel. Par ce seul fait, ils doivent être portés, sous peine d'amende, sur du papier timbré.

La nomenclature en est donnée dans l'article 12 de la loi précitée.

D'autres, au contraire, d'un caractère exclusivement

intime ou privé, ne rendent le droit de timbre exigible que s'ils sont produits en justice comme pouvant exceptionellement faire titre, et doivent être préalablement timbrés à l'extraordinaire ou visés pour valoir timbre.

La généralité même des termes de la loi a fait que, dans l'application, des hésitations se sont souvent produites pour certaines natures d'écrits; la jurisprudence des tribunaux et de la Cour de cassation n'était pas bien fixée sur tous les points; les formes, multiples à l'infini, que les écrits peuvent revêtir, faisaient que les personnes les plus compétentes, les plus expérimentées, ne savaient parfois dans quelle catégorie ranger les pièces soumises à leur examen au point de vue de l'exigibilité du droit de timbre.

Cette situation était non-seulement préjudiciable aux intérêts du Trésor, mais encore vexatoire pour les contribuables, qui se trouvaient ainsi exposés à chaque instant, et malgré la plus grande bonne foi, à des procès-verbaux et à des amendes pour des contraventions dont ils pouvaient ne pas soupçonner l'existence.

L'article 18 de la loi du 23 août, tout en étant plus général, peut-être, que l'article 1er de la loi du 13 brumaire an VII, semble plus explicite et laisse moins de marge à l'interprétation pour tout ce qui a rapport aux écritures privées constatant un paiement, une libération, une décharge quelconque, les seules qu'il ait pour objet.

Aux termes de cet article, un nouveau droit de timbre spécial de 0f 10 est établi, pour tous les titres, de quelque nature qu'ils soient, *signés ou non signés*, qui emporteraient reçu ou décharge.

Ce droit, à la charge du débiteur, s'applique notamment:

1° Aux factures acquittées, délivrées par les négociants et le commerce en détail ;

2° Aux quittances ou bordereaux concernant le paiement des pensions, des ordonnances, des exécutoires, des taxes à témoins et autres, des mandats de toute nature payables sur les caisses publiques, ainsi qu'aux dividendes et intérêts payés par les compagnies et sociétés ;

3° Aux billets de place (théâtres, chemins de fer, messageries) et bulletins de bagages ayant donné lieu à une perception supérieure à 10f ;

4° Aux reçus des objets transportés et livrés dont il est donné décharge (registres de factage, de camionnage, livraisons , etc.) ;

5° Aux émargements donnés pour acquits de leur solde ou salaire, par les fonctionnaires, officiers des armées de terre et de mer, et employés salariés par l'État, les départements, les communes, les établissements publics, les compagnies et les particuliers, pour des sommes excédant 10f.

6° Aux quittances de loyers, d'honoraires, de bordereaux de négociations d'agents de change, courtiers, etc. ;

7° Aux reçus de titres, valeurs ou objets négociés, livrés ou vendus ;

8° Enfin, aux chèques, tels qu'ils sont définis par la loi du 14 juin 1865.

Nous examinerons successivement chacun des articles compris dans la nomenclature qui précède ; mais, afin de dégager cet examen de toute question subsidiaire ou incidente, nous croyons devoir présenter, dès l'abord, le détail des exceptions apportées par l'article 20 à l'exigibilité du droit de timbre spécial à tous les écrits libératoires.

EXCEPTIONS. — Sont seuls exemptés du droit de timbre de 0f 10, d'après cet article :

1° Les acquits inscrits sur les chèques, ainsi que sur les lettres de change, billets à ordre et autres effets de commerce assujettis au timbre proportionnel.

Pour les écrits dénommés dans ce §, le droit spécial à la quittance se confond, soit avec le droit fixe de 0f 10 auquel sont assujettis les chèques, soit avec le droit de timbre proportionnel payé pour les effets de commerce.

2° Les quittances de 10f et au-dessous, quand il ne s'agit pas d'un à-compte ou d'une quittance finale sur une plus forte somme.

Exemples : Un fournisseur présente à son client une facture de 21f, sur lesquels 10f, dont il est donné quittance, sont payés immédiatement.

Le total de la créance dépassant 10f, le droit de timbre est exigible, bien que la somme payée n'excède pas ce chiffre. Par contre, la quittance définitive des 11f restant dus sera exempte de tout nouveau droit, pourvu qu'elle soit donnée sur la même feuille.

Un créancier donne quittance à son débiteur d'une somme de 8f pour solde d'un compte de 15f. Le droit de timbre est dû si cette quittance est portée sur une feuille séparée ou, dans le cas contraire, si le paiement des 7f formant la différence n'a pas été déjà soumis à l'impôt.

3° Les quittances énumérées en l'article 16 de la loi du 13 brumaire an VII, à l'exception de celles relatives aux traitements et émoluments des fonctionnaires, etc.

Les quittances appelées à bénéficier de l'exemption sont : 1° celles de secours payés aux indigents et des indemnités pour incendies, inondations, épizooties et autres cas fortuits ; 2° les quittances de rentes sur l'État ; 3° les quittances pour prêt et fournitures concernant les corps de troupe, tant pour le service de terre que pour le service de mer.

Par suite, les mémoires, comptes ou factures acquittés, remis au Conseil d'administration d'un corps de troupe, pour fournitures faites à ce corps, ne sont pas soumis au droit de timbre.

4° Les quittances délivrées par les comptables des deniers publics, régies par les lois qui leur sont spéciales.

En dehors de ces exceptions, tous les autres écrits emportant libération, reçu ou décharge, sont passibles du droit de timbre de 0f 10.

§ 1er. — *Des factures.*

Parmi les écrits considérés comme soumis au timbre de dimension, les factures sont peut-être ceux pour lesquels il y a eu, pendant longtemps, le plus d'incertitude sur l'exigibilité ou la non exigibilité du droit, suivant les cas.

Un arrêt de principe, rendu par la Cour de cassation le 28 juillet 1868, semblait, toutefois, devoir fixer la jurisprudence pour l'avenir.

Nous sortirions de notre cadre, sans utilité, en rappelant les théories diverses et souvent contradictoires présentées sur cette question ; il nous suffira, pour remplir notre but, d'exposer quelles en sont les solutions en l'état actuel de la législation.

La facture, proprement dite, est un état indiquant les

nature, quantité et prix des marchandises vendues, déposées ou envoyées.

La facture peut revêtir trois formes distinctes, d'une influence décisive sur l'exigibilité et la quotité du droit de timbre.

1° FACTURE SIGNÉE OU NON PAR LE FOURNISSEUR, MAIS NON ACCEPTÉE NI ACQUITTÉE. — La facture qui n'est point *acceptée* par l'acheteur ou qui ne renferme pas la *quittance* du marchand a le même caractère qu'une simple note, qu'un papier domestique assimilable à une lettre missive.

Par suite elle est exempte de tout droit de timbre, par application de l'article 30 de la loi du 13 brumaire an VII, quel qu'en soit le montant.

2° FACTURE ACCEPTÉE. — La facture acceptée par l'acheteur établit un lien de droit entre les parties, puisqu'aux termes de l'art. 109 du code de commerce, elle suffit pour constater les achats et les ventes ; elle forme, dès lors, un contrat synallagmatique pouvant faire titre et est soumise, sous ce rapport, à l'impôt originel du timbre de dimension, en exécution de l'art. 12 de la loi du 13 brumaire an VII.

Bien qu'en matière commerciale l'acceptation d'une facture puisse résulter d'une foule de circonstances de fait, laissées à l'appréciation des juges, il nous semble qu'au point de vue de l'impôt cette acceptation doit être écrite, quels que soient, d'ailleurs, les termes ou la formule employés pour la constater, soit : Vu pour acceptation ; Vu et approuvé, etc.

Elle rentre, alors, dans la catégorie des actes sous seing

privé ordinaires et doit être écrite sur une feuille au timbre de dimension de 0f 60 ou 1f 20, que le montant soit inférieur ou supérieur à 10f ; néanmoins, elle peut être soumise au timbre à l'extraordinaire, mais avant toute acceptation.

L'acquit, dont elle pourrait être revêtue ultérieurement, n'en serait pas moins passible du droit de timbre de 0f 10 spécial à la quittance et indépendant du contrat.

ARRÊTÉS DE COMPTES ET MÉMOIRES. — En dehors des états délivrés par les négociants et le commerce en détail à des particuliers, pour vente ou livraison de marchandises, et auxquels appartient plus spécialement la qualification de facture, les fournisseurs et entrepreneurs établissent journellement des relevés de compte, pour fournitures ou travaux, qui, avant paiement, doivent être soumis à l'approbation de la partie prenante ou de son représentant. Tels sont tous les arrêtés de comptes ou mémoires de travaux dont le montant doit être payé par un tiers étranger à la partie prenante ou sur une caisse publique.

Exemples : Pierre, entrepreneur, présente à Paul, propriétaire, la facture ou le mémoire des travaux exécutés au profit de ce dernier.

Si Paul en paie ou en fait payer le montant directement, sans apposer sa signature ou la mention d'acceptation ou d'approbation sur le mémoire, cette pièce est exempte du timbre de dimension, et l'acquit seul du créancier donne ouverture au droit de 0f 10.

Si Paul n'ayant pas de fonds, adresse le créancier chez un tiers pour être payé au vu du mémoire, et inscrit sur ce mémoire une simple autorisation de paiement, cette autorisation emporte acceptation écrite du compte, le transforme en contrat synallagmatique et le rend passible du droit de timbre de dimension.

Or, comme, d'après les principes généraux qui régissent la matière, tous les contrats de cette nature doivent être écrits sur papier timbré, les signataires du mémoire se trouveraient en contravention et seraient passibles, solidairement, d'une amende de 50f.

Les factures ou mémoires payables sur les caisses publiques ne pouvant être soldés qu'au moyen d'un mandat, après acceptation et ordonnancement, doivent toujours être écrits sur papier au timbre de dimension ou timbré à l'extraordinaire avant acceptation, et n'en sont pas moins assujettis à un nouveau droit de timbre de 0f 10 pour l'acquit.

§ 3. — *Factures acquittées.*

Les factures les plus usuelles dans le commerce en détail sont celles délivrées par les fournisseurs, et au pied desquelles est mis l'acquit.

Ces factures, exemptes du timbre de dimension, peuvent être écrites sur n'importe quel papier, mais doivent supporter un droit de timbre de 0f 10, toutes les fois que le montant est supérieur à 10f, dès qu'elles sont revêtues de l'acquit du créancier, que cet acquit *soit signé* ou *non signé*.

Cette dernière disposition a été édictée pour empêcher que l'on ne parvienne à éluder la loi au moyen de conventions ou déclarations faites à l'avance, ou de tout autre signe conventionnel qui remplacerait les quittances, bien que la signature du créancier ne fût pas apposée sur le titre. (Exposé des motifs du projet du gouvernement.)

MODE DE TIMBRAGE DES FACTURES ACQUITTÉES. — Le timbrage peut être effectué de deux manières distinctes, à la volonté des parties, soit au moyen des timbres mobiles, en vente dans tous les bureaux d'enregistrement et de débite auxiliaire du timbre, soit au timbre humide, dit à l'extraordinaire.

Dans le premier cas, le timbre mobile collé sur la facture doit être immédiatement oblitéré par l'apposition, à l'encre noire, en travers du timbre, de la signature de celui qui donne la quittance et de la date de l'oblitération.

La signature peut être remplacée par une griffe, à l'encre grasse, faisant connaître la résidence, le nom ou la raison sociale du créancier et la date de l'oblitération.

Dans le second cas (timbrage à l'extraordinaire), les formules imprimées doivent être déposées, avec le montant des droits, au bureau de l'enregistrement, s'il n'en existe qu'un seul dans la localité ; au bureau spécialement chargé du timbre, s'il y en a plusieurs dans la même ville.

Une remise de 2 °/ₒ sur le timbre est accordée, à titre de déchet, à tous ceux qui feront timbrer préalablement leurs formules.

PÉNALITÉS. — Toute facture acceptée, tout arrêté de compte ou mémoire approuvé par le débiteur et qui ne serait pas écrit sur du papier timbré de dimension ou timbré préalablement à l'extraordinaire, donnerait ouverture à une amende de 50ᶠ, due solidairement par tous les signataires, alors même que le titre serait soumis au droit de timbre avant tout paiement et acquit. (Loi du 5 juillet 1862, art. 22.)

Toute facture acquittée pour une somme au-dessus de 10f, non revêtue du timbre mobile de 0f 10 ou du timbre extraordinaire équivalent, est passible d'une amende de 50f, exclusivement à la charge du créancier qui a donné l'acquit, tenu, en outre, personnellement et sans recours, du montant du droit de timbre et des frais. (Art. 23, loi du 23 août 1871.)

Tout défaut d'oblitération des timbres mobiles ou toute oblitération qui ne sera pas faite dans la forme indiquée ci-dessus est puni d'une amende de 20f. (Art. 24 de la même loi.)

Tout emploi, vente ou tentative de vente de timbres mobiles ayant déjà servis, sera puni d'une amende de 50f à 1,000f, et, en cas de récidive, d'une amende double et de cinq jours à un mois d'emprisonnement. (Art. 24 *ibidem* et art. 21, loi du 11 juin 1859.)

Cette pénalité est indépendante de l'amende de 50f due pour défaut de timbre, la pièce revêtue d'un timbre ayant déjà servi étant considérée comme non timbrée.

Sont, en outre, considérés comme non timbrés les actes, pièces ou écrits sur lesquels un timbre mobile aurait été apposé en dehors des cas prévus par l'art. 18 et énumérés ci-dessus, quant aux factures.

Le législateur, en mettant l'amende exclusivement et personnellement à la charge du créancier, a voulu l'intéresser à l'exécution de la loi.

Le débiteur, complètement dégagé de toute responsabilité, a évidemment moins d'intérêt à dissimuler l'existence des quittances irrégulières, au point de vue du fisc, dont il peut être détenteur.

Il est à présumer que bien des contraventions seront commises sans qu'il soit possible de les constater et, par suite, de leur appliquer la pénalité. Toutefois, les fournisseurs ne doivent pas perdre de vue ceci, qu'ils se mettent complétement, en cas de contravention, à la merci de leurs clients ; qu'en cas de décès ou de faillite, les factures irrégulières sont infailliblement découvertes ; qu'enfin, l'acheteur dont les relations viendraient à se rompre avec le marchand peut, par taquinerie, vengeance ou tout autre mobile, l'exposer au paiement d'amendes nombreuses, soit en déposant, soit en laissant tomber d'une manière quelconque les factures qu'il détient entre les mains des agents chargés de constater les contraventions.

DROIT D'INVESTIGATION. — Aux termes de l'art. 22 de la loi du 23 août, les agents de l'enregistrement ont le droit de se faire représenter les livres, registres, titres, pièces de recette, de dépense et de comptabilité de toutes les sociétés, compagnies, assureurs, entrepreneurs de transports et tous autres assujettis à leurs vérifications par les lois en vigueur, notamment celles des 5 juin 1850, 23 juin 1857, 13 mai 1863, 23 août 1871.

Tout refus de communication sera puni d'une amende de 100^{f} à $1,000^{f}$. (Art. 22, loi du 23 août 1871.)

AGENTS AYANT LE DROIT DE CONSTATER LES CONTRAVENTIONS. — Indépendamment des agents de l'enregistrement, qui ont seuls la faculté de procéder à la vérification des livres et registres au siége des compagnies, sociétés, etc., les officiers de police judiciaire, les agents de la force publique, les préposés des douanes, des contributions indirectes ou diverses et ceux des octrois, sont autorisés à constater les contraventions à la loi sur le timbre.

Il leur est attribué un quart des amendes recouvrées.

§ 2. — *Quittances des pensions, ordonnances, exécutoires, taxes à témoins, etc., payables sur les caisses publiques.*

Tout acquit d'une somme excédant 10[f] donne ouverture au droit de timbre de 0[f] 10 à la charge de la partie prenante.

Le timbre mobile est apposé et oblitéré par le comptable chargé du paiement, seul responsable des contraventions.

Le droit de timbre spécial à la quittance, lequel est plutôt une taxe sur l'écrit libératoire, ne se confond pas avec le droit de timbre auquel peut donner lieu le titre de la créance.

Ainsi, l'acquit donné par des experts, les huissiers, les greffiers et tous autres, au bas des mémoires ou états de frais sujets au timbre, dont le montant est ordonnancé à leur profit, est assujetti à la taxe de 0[f] 10.

§ 3. — *Billets de place (théâtres, messageries, chemins de fer) et bulletins des bagages excédant 10 francs.*

Tous les billets délivrés par les entrepreneurs de théâtres, de messageries maritimes ou par terre, par les compagnies de chemins de fer, etc., pour chaque place et bulletin de bagage dont le prix excède 10[f], ou pour tout billet collectif au-dessus de cette somme, sont passibles de la taxe de 0f 10, sous peine d'une amende de 50f par chaque contravention, à la charge des entrepreneurs et compagnies.

Excepté pour les compagnies de chemins de fer, qui ont un système de comptabilité et de contrôle spécial, la délivrance des billets de place ou bulletins d'embarquement n'est pas obligatoire.

Exemples : Un voyageur retient sa place, chez un entrepreneur de messageries. Il se contente de l'inscription de son nom sur les registres ou sur la feuille, qui sont des documents d'ordre intérieur, et ne retire ni coupon ni bulletin ; aucun droit n'est dû, alors même que le prix de la place dépasse 10f. Mais, s'il requiert la délivrance d'un bulletin quelconque, qui constate son droit et forme son titre, ce bulletin doit être revêtu d'un timbre mobile de 0f 10, si la somme payée ou le prix de la place excède 10f.

Les billets et bulletins peuvent n'être revêtus d'aucun timbre, sur la demande des parties intéressées, à la charge par elles de se conformer au mode de justification et aux époques de paiement que leur déterminera l'Administration de l'enregistrement, des domaines et du timbre.

Elles devront, à cet effet, adresser leurs demandes au directeur du département où est le siége de leur entreprise.

§ 4. — *Reçus d'objets transportés et livrés, dont il est donné décharge (registres de factage, de camionnage, livraisons, etc.).*

Pour les quittances de sommes, la taxe de 0f 10 n'est due que si la somme payée est supérieure à 10f ou forme un à-compte d'une créance plus élevée.

En matière de transport ou de livraison, tout reçu ou décharge de l'objet transporté et livré, quelle qu'en soit la valeur, quel que soit le prix du transport, rend la taxe exigible.

Par suite, chaque bulletin de dépôt d'articles délivré à la partie qui fait le dépôt, chaque article inscrit sur les registres de factage des messageries et des chemins de fer, sur les livres de camionnage des commissionnaires de roulage et autres, constatant la livraison d'un objet quelconque, est passible de la taxe.

La taxe est due par chaque bulletin, quittance ou décharge, et non pour chaque objet déposé.

Quelques explications paraissent nécessaires pour éviter la confusion qui pourrait être faite entre les reçus ou décharges d'objets et les quittances de sommes :

Un négociant remet aux messageries, au chemin de fer, à un intermédiaire, quel qu'il soit, une somme ou un objet pour être transporté à destination, contre remboursement.

Ce dépôt donne lieu à trois opérations distinctes :

1° Le dépôt, 2° la livraison ; 3° le remboursement à l'expéditeur.

1° Le dépôt, qu'il s'agisse d'une somme inférieure ou supérieure à 10f ou d'un objet, rend la taxe de 0f 10 exigible si le déposant retire un reçu ou bulletin qui le constate ;

2° Le paiement de la somme ou la livraison de l'objet transporté au destinataire, est également passible de la taxe s'il y a décharge ou reçu, quelle que soit la somme. Cette somme devient une marchandise et est assimilée à un colis.

3° La constatation du remboursement à l'expéditeur ne

constitue pas une décharge, mais une quittance de la somme perçue pour son compte par un intermédiaire qui est devenu son débiteur à la suite du paiement effectué entre ses mains. Si la somme remboursée est inférieure à 10^{f}, il n'est rien dû sur le reçu ; si elle est supérieure, la taxe est obligatoire.

La taxe peut être payée au moyen de l'apposition, soit d'un timbre mobile en regard de chaque article, soit du timbre à l'extraordinaire des registres de factage et camionnage, auquel cas une remise de 2 °/₀ est accordée à titre de déchet.

Toutefois, ces registres ne peuvent être timbrés à l'extraordinaire qu'autant que le droit à percevoir pour chaque page correspond à l'une des quotités des timbres de dimension en usage (actuellement 0^{f} 60, 1^{f} 20, 1^{f} 80, 2^{f} 40, 3^{f} 60).

Il ne devrait être alors porté sur chaque page qu'un nombre d'articles égal au nombre de fois que le montant de la taxe est compris dans le prix de la page, soit 6, 12, 18, 24 ou 36 articles, sous peine d'une amende pour chaque article en sus.

PÉNALITÉS. — Chaque contravention est punie d'une amende de 50^{f} pour défaut de timbre, de 20^{f} pour omission de l'oblitération du timbre mobile dans la forme prescrite.

§ 5. — *Émargements pour acquits de soldes ou de salaires.*

Le but de la loi est que chaque agent ou employé salarié, à quelque titre que ce soit, supporte la taxe exigible sur la pièce qui constate le paiement de sa solde ou de son salaire.

A cet effet, tous les états de solde ou d'émargement devront être revêtus d'un timbre de 0f 10, par partie prenante, sous réserve de la faculté accordée aux intéressés de faire timbrer les formules à l'extraordinaire, et aux comptables publics de prélever le montant des taxes et d'en effectuer le versement, ainsi que le prescrivent les instructions de la comptablité.

Doivent être assimilées aux états de solde ou d'émargement les feuilles, dites d'attachement, employées dans les travaux en régie pour constater les paiements faits par les entrepreneurs aux ouvriers, lorsque les feuilles sont revêtues de l'acquit des parties prenantes. La taxe de 0f 10 est due pour chaque paiement excédant 10f.

§ 6. — *Quittances de loyers, d'honoraires, etc.*

Toutes ces quittances doivent être soumises à la taxe de 0f 10 pour chaque paiement excédant 10f, quand il ne s'agit pas d'un à-compte ou d'une quittance finale sur plus forte somme.

Le montant de la taxe est à la charge du débiteur, sauf quand le débiteur est l'Etat, auquel cas il reste à la charge de la partie prenante. (Art. 29 de la loi du 13 brumaire an VII.)

§ 7. — *Reçus de titres, valeurs ou effets négociés, livrés ou vendus.*

De même que pour les registres de factage, le droit de

timbre est dû, quelle que soit l'importance des titres, valeurs ou objets, quel que soit le prix de la négociation, de la livraison ou de la vente. Les pénalités sont les mêmes.

§ 8. — *Des chèques.*

Les chèques sont assujettis au droit de timbre fixe de 0f 10, mais ce droit ne peut être perçu qu'au moyen de l'apposition du timbre extraordinaire.

Les registres à souche d'où sont extraites les formules devront donc être préalablement soumis à la formalité.

Cette obligation n'est pas imposée pour de simples reçus ou reconnaissances de sommes, extraits de registres à souches, mais non susceptibles d'endossement et n'ayant pas, à ce titre, le caractère spécial aux chèques. Ces reçus peuvent être timbrés par l'apposition de timbres mobiles ou à l'extraordinaire, au choix des parties.

Art. 21.

AVERTISSEMENTS ENVOYÉS PAR LES GREFFIERS.

Tous les avertissements envoyés par les greffiers des justices de paix, avant citation, doivent être à l'avenir écrits sur papier au timbre de dimension de 0f 60, sous peine d'être considérés comme actes publics, écrits sur papier non timbré et passibles, à ce titre, d'une amende de 20f contre le greffier, pour chaque contravention. Toutefois, les greffiers pourront employer des formules imprimées sur papier ordinaire, à la condition de les faire préalablement timbrer, soit à l'extraordinaire, soit au moyen d'un timbre mobile de dimension à oblitérer par le receveur de l'enregistrement.

FIN

TABLE ALPHABÉTIQUE

Pages.

A-comptes (paiement d') 54
Acquits 53, 54
Actes produits en justice 50
Actions de sociétés étrangères 30
Agents chargés de constater les contraventions . . . 61
Appartements meublés 38
Arrêtés de compte 57
Assurances diverses 32
— maritimes 34
— contre l'incendie 34

Baux à loyer et à ferme 37
Baux à colonage 38
Billets à ordre (quittances) 54
Billets de place (théâtres, messageries, chemins de fer) 62
Bulletins de bagage 62

Pages.

Camionnage 63
Chemins de fer (places) 62
— (récépissés) 28
— (bagages) 62
Chèques (acquits sur les) 54
— (droit de timbre, mode de timbrage) . . . 67
Circonscription des bureaux d'enregistrement . . . 42, 44
Corps de troupes (fournitures, factures) 55

Débiteur du droit de timbre. 52, 66
Déchet de timbre. 59, 65
Décimes. 27
Déclarations inexactes (baux). 42
— (ventes) 45
Décret du 25 août 1871 : timbre 14
— 25 novembre 1871 : assurances. 16
— 27 novembre 1871 : quittances 22
— 12 décembre 1871 : promulgation en Algérie 24
Défaut d'enregistrement ou de déclaration des baux. . 42
— — des ventes. 48
Défaut d'oblitération 60
Délais de l'enregistrement ou des déclarations des baux 40
Délais de l'enregistrement ou des déclarations des ventes. 47
Délais de faveur pour les baux. 40, 42
— pour les ventes 48, 49
Dépôt d'objets 64
Dissimulation de prix des baux. 42
— ventes, échanges. 45
Droit d'investigation 61

Pages.

Échange de papiers timbrés 29
Échanges d'immeubles 45
Écrits exempts du timbre. 54
Effets de commerce. 28, 54
Émargements 65
Exécutoires 62
Expertise 50

Factures. 55
— non acceptées ni acquittées 56
— acceptées 56
— acquittées 58
— mode de timbrage 59
— amendes de contravention 59

Greffiers des justices de paix 67
Griffe d'oblitération. 59

Lettres de change (quittances) 54
Livraisons 64
Locations verbales 37
— de 300f et au-dessous 38
— au-dessus de 300f. 39
Loi du 23 août 1871. 5

Mémoires de fournitures. 57
Messageries 62

Notaires. 33, 47

Pages.

Obligations (compagnies étrangères) 30
Oblitération des timbres mobiles. 59
Ordonnance du 19 octobre 1841. 25
Ordonnances (quittances des) 62
Ouvertures de crédit 31

Papiers timbrés 27, 28
Pensions (quittances des) 62
Permis de chasse. 28

Quittances au-dessous de 10f 54
— de loyers et honoraires. 66
— finales. 54
— des comptables des deniers publics. . . 28

Récépissés des chemins de fer. 28
Reçus d'objets 63
Reçus de titres ou valeurs. 66
Registres de factage, camionnage. 63, 65
Remboursement 64
Remise pour déchet de timbre. 59, 65
Rentes sur l'État (quittances de) 55
Répertoires (assureurs, notaires) 33

Secours aux indigents (quittances) 55
Sociétés étrangères (actions, obligations) 30

Taxes d'assurances . . . . 32 et suiv.

Pages.

Taxes à témoins 62
Théâtres (billets de place). 62
Timbre de dimension 27
— proportionnel 28
— mobile de dimension. 28, 67
— mobile proportionnel. 30
— des quittances, reçus, etc. 51
— ayant déjà servi. 60
Timbrage à l'extraordinaire des factures. 59
— des registres. 65
— des avertissements des greffiers. 67

Valeurs mobilières étrangères 30
Ventes d'immeubles . . . . 45 et suiv.

FIN DE LA TABLE DES MATIÈRES

Oran. — Typographie Ad PERRIER, boulevard Oudinot, 13.

www.ingramcontent.com/pod-product-compliance
Ingram Content Group UK Ltd.
Pitfield, Milton Keynes, MK11 3LW, UK
UKHW021621260726
13965UKWH00007B/1403

9 782013 079976